SOLARIS & LUNARIS

Ole Delf

SOLARIS & LUNARIS

ERSTER POESIEBAND

IMPRESSUM

Bibliografische Information der Deutschen
Nationalbibliothek:
Die Deutsche Nationalbibliothek verzeichnet diese
Publikation in der Deutschen Nationalbibliografie;
detaillierte bibliografische Daten sind im Internet über
http://dnb.dnb.de abrufbar.

Korrektorat und Lektorat: Christina Totsa
Grafiken: Kim Siebert

Herstellung und Verlag: BoD – Books on Demand,
Norderstedt

ISBN: 9783751989251

IN DARKNESS THERE IS LIGHT, TOO.

INHALT

I

VORWORT

Die Reise hat gerade erst begonnen. Solaris scheint, während Lunaris' sanftes Antlitz den Himmel betritt. Und unter ihnen schrieb eine junge Seele über diese Welt, welche sie bewachen. Geboren ward Solaris & Lunaris. Die Reise hat gerade erst begonnen. Ich bin froh, dass ihr mit mir geht.

Mein Name ist Ole Delf und dieses Buch ist mein Lebenswerk. Schon früh fand ich in der Poesie einen Weg, meine Gefühle, Sorgen und alle weiteren Gedanken auszudrücken. Jetzt, mit 20 Jahren, veröffentliche ich mein erstes Buch. Eine wahnsinnige Reise war es bis hier her. Dieses Buch ist wie ein Tagebuch. Erlebt habe ich viel; geschrieben darüber noch viel mehr. Und nun möchte ich mein Herz und meine Seele mit euch teilen. Einst setzte ich mir zum Ziel, Spuren in dieser Welt zu hinterlassen. Und was gibt es besseres dafür, als die feinen Künste? Denn wir Seelen sind vergänglich. Irgendwann wird auch das hellste Feuer aufhören zu brennen. Doch Kunst überdauert. Kunst verblasst nicht, jemand wird sie stets lebendig halten. Kunst fällt keinem Feuerteufel, keinem Schattenkönig zum Opfer. Diese Kunst ist mein täglich Brot. Doch wäre ich keine gute Seele, würde ich mein Brot nicht teilen. So hoffe ich, dass meine Zeilen euch berühren, vielleicht inspirieren. Möglicherweise fühlt sich der Eine oder Andere endlich verstanden. Vielleicht findet ihr Trost und Wärme zwischen den unendlichen Worten. Was auch immer dieses Buch für euch ist, es ist genau richtig so. Was auch immer ihr seht, ihr seht es mit klarem Auge und reinem Herzen. Unendlich dankbar bin ich, dass ihr meine Reise nacherleben wollt. Die Wege gehen wollt, die ich einst ging. Das fühlen wollt, was mich einst brach. Ich teile mein täglich Brot mit euch und ihr nehmt es dankend an. Das ist Solaris & Lunaris für euch.

An meiner Seite hatte ich den einen oder anderen Begleiter. Ob Freunde, oder Familie, alle schenkten mir stets Liebe für die Poesie, die ich schaffe. Es war stets ein Traum, mein eigenes Buch in den Händen zu halten. Hier bin ich nun. Lese meine eigenen Zeilen, meine Seele, welche ich nun mit der ganzen Welt teile. Irgendwie surreal. Doch ist es das Beste, was ich je schuf. Hier steckt alles von mir drin. Jeder furchtbare Abend, an dem das Leben mich erdrückte. Jeden Zweifel, den ich je an dieser Welt hatte. Jedoch auch jeden warmen Sommerabend, an dem ich vor Liebe und Glückseligkeit den Stift über das Papier fliegen ließ. Es ist alles von mir. Deswegen ist es ein schwerer Schritt, dieses freizulegen. Sehr persönliche Gedichte werden euch auf den folgenden Seiten erwarten. Einblicke in meine tiefste Gedankenwelt gewähre ich euch hiermit. Doch weiß ich, dass es auf Gehör stoßen wird. Lasst diese Zeilen euch Licht und Schatten sein.

Ich wuchs in Meyenburg, Brandenburg auf. Früh prägten mich die verschiedensten Einflüsse. So erlernte ich schon mit 5 Jahren die englische Sprache. Dies ist auch ein Grund, warum ich auf beiden Sprachen, meiner Muttersprache Deutsch und meiner Zweitsprache Englisch, die Gedichte verfasste. Meine gesamten Werke erzählen eine Geschichte, deswegen wollte ich auch keins davon aus diesem Buch auslassen. Ich entschied mich, die Gedichte jeweils in die andere Sprache zu übersetzen. Deshalb hat dieses Buch auch eine besondere Struktur. Auf der linken Buchseite steht stets das Gedicht in der jeweiligen Originalsprache. Rechts daneben gleich die passende Übersetzung dazu. Somit möchte ich meine Poesie auch denen zugänglich machen, welche der einen Sprache nicht mächtig sind. Lest das Buch also genau so, wie ihr es am besten versteht.

Solaris & Lunaris wird mein erstes von, hoffentlich, vielen Büchern sein. Ich danke von ganzem Herzen, dass ihr bei meinem ersten Versuch dabei seid. Wie auch immer ihr auf dieses Buch gestoßen seid. Es war mir eine Freude, es für euch geschrieben zu haben. Genießt die folgenden 43 Werke. Lest über Solaris und Lunaris. Fühlt die Wärme in „An die Liebe". Schaut in meine gläserne Seele. Dann beendet euren Weg zusammen mit meinem Alter-Ego, Sego. Möge dieses Buch euch das geben, was ihr gerade braucht.

Schön, dass du hier, auf dieser Welt, bist.

Mit Liebe, Ole.

SOLARIS & LUNARIS
TALES FROM THE SUN AND THE MOON

SOLARIS

Waves hit my shin
as I stand in shallow water.
On the horizon, an old friend.
Solaris comes up again.

Thought I'd never survive the dark.
Thought I'd never pass Lunaris' arch.
But you're here, and you smile.
This pale light was so vile.

O divine Solaris, take me in your arms!
Your thousand hands of gold.
Can you carry me home?
Will you never leave me alone?

Arms after arms welcome and warm.
Heavenly, they lift me with no harm.
Burning, seeping through my clothes
Flying, with those thousand doves.

I can't come down; I want back down!
On the surface, there's my home.
Skywards my path, I suffocate.
Thick air in my lungs make them rupture.

Gentle Solaris, has me in it's grasp.
Rays of burning light shine past,
as I turn my head and take a breath.
Thousands arms bring me closer to death.

As the Lunaris starts to glimmer,
Solaris face turns even grimmer.
Friend or foe, both are killing me.
Both through pain, rough or slowly.

SOLARIS

Wellen trafen mein Bein
als ich in flachem Wasser stand.
Am Horizont, ein alter Freund.
Solaris taucht wieder auf.

Ich dachte, ich würde die Dunkelheit nie überleben.
Dachte, ich käme nie durch Lunaris' Gewölbe hindurch.
Aber du bist hier, und du lächelst.
Dieses fahle Licht war so abscheulich!

Oh göttlicher Solaris, nimm mich in deine Arme!
Deine tausend Hände voll Gold.
Kannst du mich nach Hause tragen?
Wirst du mich nie alleine lassen?

Arme um Arme, herzlich und warm.
Himmlisch, heben sie mich unversehrt empor.
Brennend, meine Kleider durchdringend,
fliegen wir mit diesen tausend Tauben.

Ich kann nicht runterkommen, ich will wieder runter!
An der Oberfläche mein Zuhause ist.
Himmelwärts auf meinem Weg ersticke ich.
Die dicke Luft in meinen Lungen lässt sie zerbersten.

Sanfter Solaris, hat mich in seinen Fängen.
Brennende Lichtstrahlen scheinen vorbei,
während ich meinen Kopf drehe und Luft hole.
Tausende von Armen bringen mich dem Tode näher.

Während Lunaris zu schimmern beginnt,
wird Solaris Gesicht noch grimmiger.
Freund oder Feind, beide bringen mich um.
Beide durch Qualen, grob und langsam.

LUNARIS

Here I stand
on the shore.
A cold breeze through my hair.
Moonlight on my skin.

You great Lunaris, what do you say?
Is my life worth for what I pay?
Or do I pay what I can't afford?
Is my life tangling on the wrong cord?

Your light, pale as my skin
as I was frightened all day long.
It's cold glimmer warms me
it feels familiar.

Gracious Moon, please look at me now!
Falling on my knees, so judge my vow.
I'll never let the light you shine
burn past me, and call darkness mine.

Your cold eyes glare down.
Tears flow, as you laugh at me.
Even Lunaris has forsaken my soul
and still, I'm in control.

As the Solaris starts to rise
I did survive the night.
Friend or foe, no one's there.
Lunaris won't answer my lonely glare.

LUNARIS

Hier stehe ich
an der Küste.
Eine kalte Brise weht durch mein Haar.
Mondschein auf meiner Haut.

Du großer Lunaris, was sagst du dazu?
Ist mein Leben das wert, was ich zahle?
Oder zahle ich, was ich nicht leisten kann?
Hängt mein Leben an den falschen Fäden?

Dein Licht, bleich wie meine Haut,
als ich mich den ganzen Tag lang fürchtete.
Sein kalter Schimmer, der mich wärmt
fühlt sich vertraut an.

Gnädiger Mond, bitte sieh mich jetzt an!
Ich falle auf die Knie, so richte mein Gelübde.
Ich werde das Licht, das du scheinst, niemals
an mir vorbeibrennen und die Dunkelheit mein nennen.

Deine kalten Augen leuchten hinab.
Tränen fließen, als du über mich lachst.
Selbst Lunaris hat meine Seele verlassen
und trotzdem habe ich die Macht.

Wenn der Solaris anfängt zu steigen
habe ich die Nacht überlebt.
Freund oder Feind, niemand ist da.
Lunaris antwortet nicht den einsamen Blick.

DER FREUND

Die Wunden des Sturzes.
Noch sind sie frisch.
Und meine Hände blutnass.
Griff ich erneut ins Messer.

Ich weiß nicht anders.
Ich weiß nicht wohin.
Denn wenn ich greife
dann nur zur Klinge.

Zieh sie weg, flehe ich!
Nimm mir das Messer!
Gib mir eine Leiter!
Ich kann mich nicht hochziehen.

Wo ist der Freund?
Der, dem man aufhalf.
Wo ist er
wenn man ihn braucht?

Der Freund ist da.
Er reicht dir seine Hand.
Doch du merkst einen Stich.
Und verstehst es nicht.

Er war da, die ganze Zeit.
Der Freund hat dich gehört.
Er kam und sah.
Er wollte dich leiden sehen.

Fällst du tief und rufst zur Hilfe.
Dann sei gewarnt:
Der einzige Freund deiner Selbst
bist du.

THE FRIEND

The wounds of the fall.
They are still fresh.
And my hands, soaked with blood
As I grasp the knife again.

I don't know any other way.
I don't know where to go.
Because when I reach for it
then only for the blade.

Pull it away, I beg you!
Take the knife from me!
Give me a ladder!
I can't pull myself up.

Where is the friend?
Whom I once helped up.
Where is he
when you need him?

The friend is here.
He gives you his hand.
But you feel a sting.
and you can't comprehend.

He was there all along.
The friend, he heard you.
He came and saw.
He wanted to see you suffer.

If you fall low and cry for help,
then be warned:
The only friend you have
is you.

DER FEIND

Des Lebens Rache,
ein Regen der auf dich fällt.
Aus Messern und Klingen
für Taten, die du nicht begangen.

Der Boden getränkt vom süßen Wein.
Deine Wunden, tief, wie der Hass
den du schürst gegenüber dem,
welcher dir diese Qual befahl.

Mit verzweifelter Träne im Auge
greifst du zur Waffe.
Du führst einen Krieg ohne Sieger,
denn du schießt nicht deinen Gegner.

Und der Mond nur hört dein Jammern
und fragt, gegen wen du kämpfst.
Denn sein Auge erblickt nur dich,
deines Feindes Antlitz sieht er nicht.

Er ist ein Feigling!
Zeige dich, wer auch immer du bist!
Hinter der Maske, bleiches Gesicht.
Deine Augen spiegeln dich.

Greif zur Waffe, schieß den Feind.
Finde den Gegner, schlag ihn klein.
Dein Hass glüht, die Klinge rot.
Der Feind besiegt, doch bist du fort.

THE FOE

Vengeance of life,
a rain that falls on you.
Made of knives and blades
for deeds you did not commit.

The ground soaked with the sweet wine.
Your wounds, deep as the hate
that you stir up towards whom,
who ordered you to suffer this agony.

With a desperate tear in your eye
you reach for your gun.
You wage a war without a victor
because you do not shoot at your foe.

And the moon only hears your wailing
and asks who you are fighting.
And his eye beholds only you,
of thine enemy's face he sees not.

He is a coward!
Show yourself, whoever you are!
Behind the mask, pale face.
Your eyes reflect yourself.

Reach for your gun, shoot the foe.
Find the enemy, smash him down.
Your hatred glows, the blade turns red.
The enemy beaten, but you are dead.

VERTIGO

Left alone.
Right were we started.
Up on the hills.
Down to the road.

A single tear drops
as the engine revs.
Dust and dirt form a cloud.
You've left my house.

Up on the hill.
Down for some'?
Left you in the morning.
Before 9 o'clock.

Shards of a dream
that was once mine
patch up the soul of yours
and so, my spirit goes.

As I search
for the globe that circled
and held my thoughts alive
the shards cut into my fingers.
Blood streams arise
down the drain
where my feelings go.
I won't complain.
I'll kill the pain.
Oh, I'll kill the pain.

No.
I'm Thinking to much.
My eyes face the holes of the drain.
Pouring my last whiskey into it.
After it killed me another night.

VERTIGO

Zurückgelassen.
Genau dort, wo alles begann.
Da oben auf dem Hang.
Runter zur Straße.

Eine einzelne Träne fällt
als der Motor brüllt.
Staub und Schmutz bilden eine Wolke.
Du hast mein Haus verlassen.

Da oben auf dem Hügel.
Hast du Lust?
Ich verließ dich am Morgen.
Vor 9 Uhr.

Bruchstücke eines Traums
der mir einst gehörte
flicken deine Seele zusammen
und so geht mein Geist dahin.

Während ich suche
nach dem Globus, der kreiste
und meine Gedanken lebendig hielt
schnitten Scherben in meine Finger.
Blutströme entstehen
den Abfluss hinunter
wohin meine Gefühle gehen.
Ich werde mich nicht beschweren.
Ich werde den Schmerz betäuben.
Oh, ich werde den Schmerz töten.

Nein.
Ich denke zu viel.
Meine Augen blicken auf die Löcher des Abflusses.
Ich gieße meinen letzten Whiskey hinein.
Nachdem es mich eine weitere Nacht kostete.

SCHATTENKÖNIG

Die Stille schreit mich an
und die Dunkelheit blendet mich.
Das Feuer lässt mich erfrieren
Und mein Brot hungert mich aus.

Des Lebens unendlichen Glanze,
getrübt von der Welle Gicht.
Geschlagene Steine weinen,
während die nächste Seele bricht.

Oh du heiliger Schatten,
kannst du nicht leben ohne das Licht
welches wir dir spenden?
Deine Kinder es verschwenden.
Kein Licht das wärmt das Kind,
welches geboren um zu leben
und gestorben des Schatten Willen.

Schatten, ich passe nicht.
Was soll ich nur machen
ohne dich?
Wie soll ich es packen?
Ich passe nicht!
Wo soll ich es lassen?
Wo finde ich mich?

Schatten, ich sehe dich nicht.
Wenn ich mich drehe
zum wärmenden Licht.
Und die Strahlen
sie trocknen die Gicht.
Geh gen Himmel
bis er mich erwischt.

Luzifers Aug blickte empor.
Sein Schatten, nur ein dummer Tor.

KING OF SHADOWS

The silence screams at me
and the darkness dazzles me.
The fire makes me freeze to death
And my bread is starving me.

The life's infinite splendor,
clouded by the wave gout.
Beaten stones weep,
as the next soul shatters.

O you holy shadow,
can't you live without the light
we give to you?
Your children waste it.
No light that warms the child,
which was born to live
and died for the sake of the shadow.

Shadow, I cannot fit.
What should I do
without you?
How should I cope with it?
I will not fit!
Where should I leave it?
Where do I find myself?

Shadow, I can't see you.
When I turn around
to the warming light.
And the beams
they dry the gout.
Go towards the sky
until he catches me.

Lucifer's eye looked upon.
His shadow, just a silly fool.

Ich passe, doch pass ich nicht zu dir!
Schattenkönig, verschwinde von hier!

Denn das Feuer, welches mich frisst, frisst auch dich.

Wer stirbt zuerst?

I fit, but I don't fit with you!
King of shadows, get out of here!

For the fire that eats me also eats you.

Who will perish first?

SPECTRA:UNO

Awaken, my love. [1]
It was all a dream.
A nightmare, more of.
But were I awake before I slept?
I look around.

Galaxies and universes all around.
They sing a song for me.
Of loving souls and rotten minds.
I can see where those worlds divide.

Taking a look, close enough
to see where I came from.
Nothing and everything.

It's everything!
And nothing at the same time.
Countless memories, priceless.
But still ain't worth a dime.

So, were I awake before I slept?
The whole spectra isn't there yet.
The world's deeds aren't done.
So, I decide to run.

I run, crashing, tumbling,
smashing the pictures on my wall,
ripping the clothes I wore,
damning the thoughts I thought,
breaking all hearts of yours.

---

[1] Donald Glover: „*Awaken, My Love*", Los Angeles 2016

SPECTRA:UNO

Erwache, meine Liebe.
Es war alles nur ein Traum.
Ein Albtraum, eher.
Aber war ich wach, bevor ich schlief?
Ich sehe mich um.

Galaxien und Universen rundherum.
Sie singen ein Lied für mich.
Von liebenden Seelen und verdorbenen Geistern.
Ich kann sehen, wo diese Welten sich teilen.

Ich schaue hin, ganz nah,
um zu sehen, wo ich herkomme.
Nichts und alles.

Es ist alles!
Und gleichzeitig nichts.
Unzählige Erinnerungen, unbezahlbar.
Aber trotzdem keinen Cent wert.

Also war ich wach, bevor ich schlief?
Das Spektrum ist noch nicht komplett.
Die Taten dieser Welt noch nicht vollbracht.
Also beschloss ich zu laufen.

Ich renne, krache und stürze,
zertrümmere die Bilder an meiner Wand,
zerreiße die Kleidung, die ich trug,
verdamme die Gedanken, die ich dachte,
und breche allen das Herz.

A spectrum, everything,
and yet nothing.
Completed, the colours shine
on a path, that isn't mine.

Am I done?

Ein Spektrum, alles,
und doch nichts.
Vollendet, die Farben leuchten
auf einem Weg, der nicht meiner ist.

Bin ich nun fertig?

SEGOTOUNDA

Ein Stift fliegt über das Papier.
Schreinde Gedanken reimen sich
über Hass und Liebe und den Tod
und alles, was danach kommt.

Rede mit mir!
Du wie ich.
Du verstehst mich.
Sehe,
was ich sehe.
Fühle,
Was ich fühle.

Oh Sego, meine Seele, mein Freund.
Für was tue ich dies?
Wenn doch Schmerz mein Herz regiert
und schwarze Krone mein Haupte ziert,
düstere Gicht meine Seele pausiert.
Untragbare Lasten, so glaub doch mir.

Erlöse mich!
Du wie ich.
Du trägst mich.
Trage,
was ich nicht schaffe.
Wirf weg,
was ich nicht brauche.

Segotounda, du Geist meiner Seele,
spukst du nun auf diesen Zeilen?
Mein Herz nun doch mir selbst verzeiht.
Nie wieder ruf ich meinen Schmerzensschrei.
Dieser Spuk ist nun endlich vorbei.
Sego, befreitest mich von der Tyrannei.

SEGOTOUNDA

A pen flies over the paper.
Screaming thoughts that rhyme
about hate and love and death
and everything that comes after that.

Talk to me!
You are like me.
You get me.
See,
what I see.
Feel,
what I feel.

Oh Sego, my soul, my friend.
What am I doing this for?
When pain rules my heart
and a black crown adorns my head,
a dark gout breaks my soul.
Unbearable burdens, so believe me.

Redeem me!
You are like me.
You carry me.
Carry,
what I can't do.
Throw away,
what I do not need.

Segotounda, ghost of my soul,
do you now haunt these lines?
My heart forgives itself after all.
Never again will I cry out of pain.
This horror is over at last.
Sego, you freed me from this tyranny.

Ich liebe dich.
Du wie ich.
Ich schätze dich.
Schütze,
was du in dir trägst.
Kämpfe,
für das was wichtig ist.

I love you.
You are like me.
I cherish you.
Protect,
what you carry within you.
Fight,
for what is truly important.

AN DIE LIEBE

A LETTER TO LOVE

AN DIE LIEBE

Liebe ist rein.
Liebe geht nicht weg.
Doch manche Seele unterdrückt des Liebens scheinen.
Doch es hört nicht auf zu scheinen.
Und nimmt man den dunklen Schleier
einer scheinbar gebrochenen Person,
so scheint der Glanz der Liebe so rein und klar,
als hätte nie es einen Kratzer ertragen müssen.

A LETTER TO LOVE

Love is pure.
Love will never go away.
But some souls might suppress the love's bright halo.
But it never ceases to shine.
And if one takes the dark veil
of a seemingly broken person,
the radiance of love seems so sheer and clear
as if it had never had to endure a scratch.

PINK SKIES

If I could.

I would paint her the world pink,
or yellow, or purple or green.
I'd make her a bed of roses
and build a house of silk and gold.

I would cut all strings lose
and let her roam free.
I'd cry her tears when she can't
and bear the pain of her fate.

I would carry the weight on my shoulder
to let her breathe again.
I'd move mountains and oceans
and bring her down the sun and stars.

I would run when her legs give out
and finish the race for her.
I would poison myself with the sweetest venom
to keep her from the snake's sting.

I would paint her the world pink,
If I could, I'd do.
I'd write her a love poem
And name it after you.

ROSA HIMMEL

Wenn ich könnte,

würde ich ihr die Welt rosa streichen,
oder gelb, oder violett oder grün.
Ich würde ihr ein Bett aus Rosen machen
und ein Haus aus Seide und Gold bauen.

Ich würde alle Fäden zerschneiden
und sie frei herumstreifen lassen.
Ich würde ihre Tränen weinen
und den Schmerz ihres Schicksals tragen.

Ich würde ihre Last auf meine Schultern legen
um sie wieder atmen zu lassen.
Ich würde Berge und Ozeane versetzen
und ihr die Sonne und die Sterne herunterbringen.

Ich würde rennen, wenn ihre Beine aufgeben
und das Rennen für sie beenden.
Ich würde mir das süßeste Toxin geben
um sie vor dem Gift der Schlange zu schützen.

Ich würde ihr die Welt rosa malen,
Wenn ich könnte, würde ich es tun.
Ich würde ihr ein Liebesgedicht schreiben.
Und es nach dir benennen.

RED LIGHT COLOURS

Only when my muse awakens,
my day can really begin.
When the warmth unleashes
I can feel it within.

And the red light goes it's way,
pure colour through my mind.
The big demons I faced
seem to be just one of a kind.

Only I can see what you can't.
A glimpse of your reflection reveals.
And only you can give what I demand.
The pure red light colour heals.

And If my colours reach yours
a rainbow will sure appear.
Rainy clouds will be ignored
dripping down like the fear.

While I reach my destination,
I can sense the scenery.
And it's no imagination.
fire burns so lovely.

The day I fade into deep grey,
my heart is bleeding from the knife.
No colour will go away.
Someone will keep it alive.

ROTES LICHT

Erst wenn meine Muse erwacht,
wird mein Tag beginnen.
Wenn die Wärme sich entfesselt
spüre ich es in meinem Inneren.

Und das rote Licht bahnt sich seinen Weg,
brilliante Farbe durch meinen Verstand.
Die großen Dämonen, denen ich gegenüberstand
scheinen nur einmalig zu sein.

Nur ich kann sehen, was dir verborgen scheint.
Ein Blick in den Spiegel verrät:
Nur du kannst geben, was ich verlange.
Es wird nie gefunden, nur vereint.

Und wenn meine Farben die Ihren erreichen
wird ein Regenbogen dir erscheinen.
Regenwolken werden einfach ignoriert,
die sonst unsere Angst alarmiert.

Während ich mein Ziel erspähe,
fühle ich die Kulisse in der Nähe.
Sie ist keine Einbildung.
Ihr Feuer brennt in meiner Seele.

Der Tag, an dem ich in tiefes Grau verfalle,
blutet mein Herz aus jenem Messer.
Doch keine Farbe wird jemals erblassen.
Jemand wird es am Leben belassen.

PURPLE FIRE

Purple fire
burning so fiercely
surrounding me.

Hugging my soul
opening my eyes
sparking my thoughts.

Purple fire
keeping you alive.
What you mean to me.

Your flames touch my heart.
Igniting every cell of mine.
Bursting even my last doubt.

Purple fire
I'll let your heat run free.
Showing the world your beauty.

PURPURNE FLAMME

Purpurne Flamme,
welch so heftig brennt,
mich umhüllt.

Meine Seele umarmend,
meine Augen öffnend,
meine Gedanken beflügelnd.

Purpurne Flamme,
halte dich am Leben.
Wie viel du mir bedeutest.

Deine Flammen berühren mein Herz.
Sie entfachen jede Zelle meines Wesens.
Sogar mein letzter Zweifel zerplatzt.

Purpurne Flamme,
ich lasse deiner Wärme freien Lauf.
Ich zeige der Welt deine Pracht.

SUNLIGHT

"… and it was on this day mid June.
I realized the only thing I needed.
Was you."

So, I wrote these lines.
Some tears in my eyes.
They dropped on my desk.

I saw a rainbow shine through.
It was shining just like you.
And the spectrum unfolds.

I saw all these beams.
They were endless it seems.
And they guided me.

I looked back on my lines.
Where the sunlight shines.
And I realized:
You are the light.

SONNENSTRAHLEN

"... und es war an diesem Tag, Mitte Juni.
Ich erkannt, das einzige, was ich brauchte,
warst du."

Also schrieb ich diese Zeilen.
Ich hatte Tränen in den Augen.
Sie fielen auf meinen Tisch.

Ich sah einen Regenbogen scheinen.
Er leuchtete genau wie du.
Und das Spektrum entfaltet sich.

Ich sah all diese Strahlen.
Sie waren endlos, wie es scheint.
Und sie leiteten mich.

Ich blickte zurück auf meine Zeilen.
Wohin das Sonnenlicht scheint.
Und ich erkannte:
Du bist das Licht.

ODE MEINER SEELE

Oh Seele meiner selbst.
Schau in einen Spiegel,
sieh wie du fällst.

Dieser Spiegel, so kalt,
zeigt nicht deiner Gestalt.
Zeigt weder jung noch alt.

Das Glas, es bricht.
Doch in den Scherben
liegt die Trauer nicht.

In den Scherben meines Lebens,
was ich dacht sei das Ende,
was ich dacht sei mein Alles.
Da spiegelt sich, ich nicht erwartet
eine Seele.
Eine Seele, so wie meine.
Eine Seele, so wie keine.

Ein Mensch, ich nicht erkannt,
und doch gab ich ihr die Hand.
Ich sprach und es fand ein Ohr.
Sonst ich meine Bedeutung verlor.

Und so rein.
Und so unvollkommen.
Doch überschnitten.

War sie eine Tulpe und ich eine Rose
und doch pflanzte uns die gleiche Hand.

ODE TO MY SOUL

O soul of mine.
Look in a mirror,
watch how you fall

That mirror, so cold,
does not show your form.
Shows neither young nor old.

The glass, it breaks.
But in the shards
the sorrow won't lie.

In the shards of my life,
what I thought was the end,
what I thought was my everything.
There is a reflection, I did not expect
a soul.
A soul, like mine.
A soul like none of a kind.

A soul, I did not recognize,
and yet I shook her hand.
I spoke and it found an ear.
Otherwise I would lose my significance.

And so pure.
And so imperfect.
Yet intersected.

Was she a tulip and was I a rose
and yet, the same hand gave us our life.

AZALEEN IM WIND

Durch endlose Täler zog ich schon.
Kein Ziel vor dem Auge.
Ohne Rast und ohne Brot.
Immer weiter, über die Berge und das Meer.
Durch die heiße Wüste bis zum Polarkreis.
So zog ich daher und mein grauer Schatten mit mir.

Wohin des Weges, fragte ich mich.
Und die Antwort gefiel mir nicht.
Ziellos, und doch schnurstracks,
lief ich einem Traum hinterher
welcher der Realität nicht gewachsen
und meines Herzens nicht würdig ist.

Wohin des Weges, ich weiß es nicht.
Doch erblickte ich, endlich Licht.
Eine Blume, Azalee, strahlend pink.
Noch nie habe ich solch eine Schönheit gesehen.
Lass sie mich näher erblicken.

Diese Blume weht sanft im Wind.
Ihre Blüten so schön, himmlisches Kind.
Ihr Gesang ringt in meinem Ohr.
Meine Seele, sie schoss empor.

Diese Blume, sie strahlt unendlich.
Will ich sie nicht pflücken, halte sie lebendig.
Will ihre Schönheit mit der Welt teilen.
Deshalb schrieb ich diese 100 Zeilen.

Eine Blume, schön wie dich,
findet man einfach nicht.

AZALEAS IN THE WIND

Through endless valleys I wandered.
No target in front of my eye.
Without a rest and without bread.
Further and further, over the mountains and the sea.
Through the hot desert to the polar circle.
So I moved along and my grey shadow with me.

Where to go, I asked myself.
And I did not like the answer.
Aimless, and yet straight ahead,
I ran after a dream
which is not par with reality
and is not worthy of my heart.

Where to go, I do not know.
But I saw a light at last.
A flower, azalea, bright pink.
Never have I seen such beauty.
Let me gaze at it closer.

This flower gently wafts in the wind.
Its flowers so divine, celestial child.
Her singing rings in my ear.
My soul, it soars upon.

This flower, it shines infinitely.
I don't want to pick it, just keep it alive.
I want to share its beauty with the world.
That's why I wrote these 100 lines.

A flower as beautiful as you,
one simply does not find.

YOUR SKIN

Your skin on mine.
A divine touch ignites.
A fire starts to burn.
Flames dance on our body.
Water cools us down.
Slow rivers fill your curves.
Warm winds kiss your crown.
Your fingers glide around.
My lips ache for yours.
An angels touch ignites.
Your skin on mine.

DEINE HAUT

Deine Haut auf meiner.
Göttliche Berührung entfacht.
Ein Feuer beginnt zu brennen.
Flammen tanzen auf unseren Körpern.
Wasser kühlt uns ab.
Sanfte Flüsse füllen deine Kurven.
Warme Winde küssen deine Krone.
Deine Finger gleiten umher.
Meine Lippen sehnen sich nach deinen.
Göttliche Berührung entfacht.
Deine Haut auf meiner.

WHAT IS IN YOUR HEAD

Eyes meet.
Dark pupils stare
right into my soul.
What's in your head?
What do you want to do?

A dream covered in silk.
Divine rays enter my mind.
Dark streams go down her body.
Touching my heart, so softly.

In my galaxies the stars burst.
Supernova obliterates my heart.
Sunrays start to talk.
Moonshine on her scalp.

What's in your head?
Your body starts to boil.
Just us lying in stardust.
Next to you, where I belong.

You're in my head.
I don't want you out.
You brought light into me
where it has never been found.

WAS GEHT DIR DURCH DEN KOPF

Augen treffen sich.
Dunkle Pupillen starren
direkt in meine Seele.
Was geht dir durch den Kopf?
Was willst du tun?

Ein Traum, in Seide gehüllt.
Göttliche Strahlen dringen in meinen Geist.
Dunkle Ströme gehen ihren Körper hinab.
Sie berühren mein Herz, so sanft.

In meinen Galaxien zerplatzen die Sterne.
Eine Supernova vernichtet mein Herz.
Sonnenstrahlen beginnen zu sprechen.
Mondschein auf ihrem Haupt.

Was geht dir durch den Kopf?
Dein Körper beginnt zu kochen.
Nur wir, liegen im Sternenstaub.
Neben dir, wo ich hingehöre.

Du bist in meinem Kopf.
Ich will nicht, dass du gehst.
Du hast Licht in mich gebracht,
wo es noch nie schien.

NIE HABE ICH

Nie habe ich gewusst,
welch schöne Seiten
das Leben haben muss.

Nie habe ich gesehen,
wie sehr ich's brauch
neben dir zu stehen.

Nie habe ich gespürt,
dass jeder lange Weg
doch zu dir führt.

Nie habe ich gedacht,
solch wunderbare Wärme
hast du mitgebracht.

Nie wieder ohne dich,
denn es ist mir klar:
Ich bin nicht ich ohne dich.

I NEVER KNEW

I never knew,
what magnificent aspects
this life must have in store.

Never have I seen,
how much I need it
standing next to you.

I've never felt,
that every long way
still leads to you.

Never did I think,
such wonderful warmth
you brought it with you.

Never again without you,
because it is clear to me
I am not me without you.

ROSARY BLOSSOMS

Rosary Blossoms,
how good you hurt.
I will build you a palace
of pure gold.

Gold so bright
that the reflections on the wall
start to speak
and to scream.
Scream your name.
Every day.
Every night.
Rosary,
where do you hide?

I've found you.
But never did you find me.
My palace sometimes feels lonely.

Empty halls,
filled with emotions no one felt,
poems on the wall no one has read,
tiles on the floor no one has walked.

Where are you Rosary
when you're not here?
Roaming your way
downwards endless streets
to find my palace?

Oh Rosary,
all I've lived for,
I lived it for you.
But you never did.
You never lived.

ROSARY BLOSSOMS

Rosary Blossoms,
wie sehr du schmerzt.
Ich werde dir einen Palast bauen
aus reinem Gold.

So glänzendes Gold
dass die Reflexionen an der Wand
anfangen zu sprechen
und zu schreien.
Schreien deinen Namen.
Und das jeden Tag.
Jeden Abend.
Rosary,
Wo versteckst du dich?

Ich habe dich gefunden.
Aber du hast mich nie entdeckt.
Mein Palast fühlt sich oft sehr einsam an.

Leere Hallen,
voller Emotionen, die niemand fühlte,
Gedichte an der Wand, die niemand gelesen hat,
Fliesen auf dem Boden, die niemand betreten hat.

Wo bist du Rosary,
wenn du nicht hier bist?
Gehst du deinen Weg
endlose Straßen hinunter
um meinen Palast zu finden?

Oh Rosary,
wofür ich gelebt habe,
Ich habe es nur für dich gelebt.
Aber du hast es nie getan.
Du hast es nie gelebt.

Between these lines,
is where your beauty lies.
I see it infront of me.

When she opens her eyes
they speak more than I could ever say.
Illuminating my thoughts.
Warming my soul.
Rosary darling, I love your whole.

Raindrops wash away
my earlier thoughts.
This cloudy Sunday night
is damning this letter.
But I need to know.
Rosary, will you let me go?
After all I did?
All I've built?

Dear Rosary,
these lines go to you.
I love you.
And you'll never do.

Zwischen diesen Zeilen,
ist, wo deine Schönheit liegt.
Ich sehe sie vor mir.

Wenn sie ihre Augen öffnet
sprechen sie mehr, als ich jemals sagen könnte.
Sie erleuchten meine Gedanken,
erwärmen meine Seele.
Rosary, Darling, ich liebe dein Ganzes.

Regentropfen spülen
meine früheren Gedanken fort.
Dieser trübselige Sonntagabend
verdammt diesen Brief.
Aber ich muss es wissen.
Rosary, lässt du mich gehen?
Nach allem, was ich getan habe?
Nach allem, was ich geschaffen habe?

Liebe Rosary,
diese Zeilen gehen an dich.
Ich liebe dich.
Und du wirst es nie tun.

ODE AN CHRISTINA TOTSA

Der Mond wirft Schatten.
Sein Licht so kühl,
so weiß,
so rein.
Scheint er auf eine Bühne,
wie gemacht für die Tragödie,
die sich Leben nennt.

Nachts, wenn die Gedanken wachen
und die Farben, dunkler denn je,
doch strahlen,
schneidet das farbenfrohe grau
durch mein blindes Auge
und lässt mich sehen.

Einsamer Vogel fliegt durch die Kälte
ohne Ziel und ohne Licht.
Er flog
seinem Herzen voran.
Irgendwo
wird er landen können,
verdiente Rast.

Einsame Seele, streift durch die Nacht,
ohne Sinn und ohne Halt.
Sie hofft,
weil nichts anderes bleibt.
Irgendwann
wird ihr die Bürde genommen,
verdiente Rast.

ODE TO CHRISTINA TOTSA

The moon casts shadows.
Its light so cool,
so white,
so pure.
He beams onto a stage,
made for the tragedy
called life.

At night, when the thoughts wander
and the colors, darker than ever,
still shine,
cuts the colorful gray
through my blind eye
and lets me see.

Lonely bird flies through the cold
without aim and without light.
He flew
following his heart.
Somewhere
he will be able to land,
well deserved rest.

Lonely soul roams through the night
without sense and without support.
She hopes,
because nothing else remains.
Someday
the burden will be lifted,
well deserved rest.

So flog der Vogel, unter Wacht des Mondes,
der Seele entgegen.
Seine Flügel kreuzen die Strahlen.
Die Reflektion schrieb ein Gedicht
von Hass und Liebe und Trauer
und von der Seelen Herz.

Der Vogel setzt sich nieder.
Sein fiederndes Gewand erstrahlt.
Endlich ward ihm Licht gegeben.
Der Mond und die Seele
nahmen ihn auf
und ließen nicht mehr los.
Verdiente Rast.

The bird flew, under the eyes of the moon
towards the soul.
Its wings cross the rays.
The reflection wrote a poem
of hate and love and grief
and of the soul's heart.

The bird sits down.
His feathery garment gleams.
Finally, a light was shining.
The moon and the soul
took him in
and did not let go.
Well deserved rest.

GLÄSERNE SEELE

SOUL OF GLASS

AUSBLUTEN

Herzzerreißend, schwarz wie die Nacht,
kam er in seinem weiten Gewand.
Seine eiskalte Hand auf meinem Herz
nahm er mir Blut, Tränen und Freude.

Todesgeweiht, weiß wie der Schnee,
wankt mein leerer Körper durch graue Gassen.
Ein fahles Licht, was die Sonne hat nicht geboren,
erleuchtet mein Haupt, lässt es schmerzen.

Nimmersatt, rot wie feiner Wein,
fehlte mir Gottes sanfte Träne.
Es floss nicht mehr durch meine Adern.
Ein kleiner Fluss über meine Fliesen.

Ausgeblutet, leer, so wie ich bin.
Schmerzt auch die Wunde nicht mehr.
Fühle ich mich so lebendig im Tode.
War der böse Geist nun doch mein Segen.

BLEEDING OUT

Heartwrenching, black as the night,
he appeared in his wide gown.
His ice-cold hand on my heart
he took my blood, tears and joy.

Doomed to die, white as snow,
my empty body wavers through gray alleys.
A sallow light that the sun has not born,
lightens my head, makes it ache.

Insatiable, red like fine wine.
I am missing God's gentle tear.
It no longer flowed through my veins.
A small river over my tiles.

Bled out, hollow, as I am.
The wound won't ever hurt again.
I feel so alive in my death.
The wicked spirit my blessing after all.

FEGEFEUER

Geheiligt seien meine Taten.
Zum Teufel mit meinem Kopf.
Dem Himmel nah, meine Phrasen.
Dem Feuer Opfer, die Wahrheit.

Sieh durch die Brille.
Erkennst du nicht?
Siehst du nicht?
Warum siehst du nicht?

Ich sehe dich.
Und du brennst, wie ich brenne.
Du brennst vor Leben.
Ich brenne vor Qual.

Doch siehst du in mir das gleiche Feuer.
Denkst mein Funke schafft Gutes.
Entzündet meine Seele dein Herz
so birgt es meine Qual und den Schmerz.

Bevor du mein Feuer löschst
so sei dir bewusst:
trotz der vielen Stiche auf meiner Haut
sind Flammen alles, was ich habe.

PURGATORY

Sacred be my deeds.
To hell with my head.
Close to heaven, my phrases.
The sacrifice to fire, the truth.

Look through your glasses.
Can't you tell?
Can't you see?
Why can't you see?

I see you.
And you burn as I burn.
You burn with life.
I burn with agony.

But you see the same fire in me.
You think my spark creates good.
My soul ignites your heart;
it hides my anguish and pain.

Before you extinguish my fire
so be aware:
despite the many stings on my skin
these flames are all that I have.

DENIAL

We're all on the same path.
But we split into different ways.
Striving for what we think is good.
Trying to hold on, just a couple of days.

Around the corner, a lonely street.
I feel it coming!
I feel the heat!
Brothers and sisters, who don't love.

Shots scream my name.
Bullets ricochet off my mind.
Because what they don't know.
I fear no one, none of a kind.

The bombs fall on my restless body.
And they keep shouting at my shells.
And I hear their words:
"You gon' fear us if you don't fear no one else" [2]

But I don't fear.
I don't pray, I don't die.
I just scream my words.
Until my lungs collide.

I don't fear none of that.
No man, no woman, no god.
I don't fear a gun or a knife.
But I fear myself.
And I might part the night.
And I might say what's right.

---

[2] Kendrick Lamar: „FEAR." aus dem Album *DAMN.*, Los Angeles 2017

LEUGNER

Wir sind alle auf dem gleichen Weg.
Aber wir teilen uns in verschiedene Richtungen.
Wir streben nach dem, was wir für gut halten.
Versuchen, durchzuhalten, nur noch ein paar Tage.

Um die Ecke, eine einsame Strecke.
Ich spüre es kommen!
Ich spüre die Hitze!
Brüder und Schwestern, die nicht lieben.

Schüsse schreien meinen Namen.
Kugeln prallen von meinem Geiste ab.
Denn was sie nicht wissen:
Ich fürchte niemanden, gleich wer er ist.

Die Bomben fallen auf meinen ruhelosen Körper.
Und sie schreien weiter meine Hülle an.
Und ich höre ihre Worte:
"Du wirst uns fürchten, wenn sonst niemanden"

Aber ich habe keine Angst.
Ich bete nicht, ich sterbe nicht.
Ich schreie nur meine Worte.
Bis meine Lungen kollidieren.

Davor habe ich keine Angst.
Kein Mann, keine Frau, kein Gott.
Ich fürchte weder einen Schuss, noch ein Messer.
Aber ich fürchte mich vor mir selbst.
Und ich könnte die Nacht durchmachen.
Und ich könnte sagen, was richtig ist.

Who can stop me?
You can't stop me.
Only I can stop me.
And I will. I will.

We're all on the same path.
But if you close your eyes.
You got to learn.
You're in denial.
You got to earn.
To stop your demise.

Aber ich habe keine Angst.
Ich bete nicht, ich sterbe nicht.
Ich schreie nur meine Worte.
Bis meine Lungen kollidieren.

Wir sind alle auf dem gleichen Weg.
Aber wenn du deine Augen schließt.
musst du lernen.
Du bist ein Leugner.
Du musst es verdienen.
Um deinen Untergang zu verhindern.

THORNS AND BULLETS

I exist in spite of myself.
The path I go is dull and dry.
And every rock under my feet burns
slowly seeping through my skin.

My stick plunged into the ground I go.
The path uphill the mountain of saints.
Though I don't know where to walk.
This journey was laid upon me.

A dark shadow behind me pushes me on
as the climb brings out blood and tears.
And a single dove over my head.
White, as the pale of my skin.

I follow this bird for a while.
The feathery dress beautiful in the sun.
Glimmering beams reflect into my eyes.
And my gaze turns from dark to bright.

But as it flaps its wings into the orbit
and soon it is out of my sight
the beams of light collide.
Fiercely, those rays burn into my flesh.

Those things giving you hope and life,
all the things keeping you breathing,
are those to suffocate and torture you.
And you never know,
if you're holding a flower or a gun.

VON DORNEN UND KUGELN

Ich existiere mir selbst zum Trotz.
Der Weg, den ich gehe, ist öd und leer.
Und jeder Stein, der unter meinen Füßen brennt,
dringt langsam durch meine Haut.

Meinen Stock stieß ich in den Boden, ich wankte.
Der Weg führt den Berg der Heiligen hinauf.
Obwohl ich nicht weiß, wohin ich gehen soll.
Diese Reise wurde mir aufgebürdet.

Ein dunkler Schatten hinter mir drängt mich weiter
als der Aufstieg Blut und Tränen hervorbringt.
Und eine einzige Taube über meinem Kopf.
Weiß, wie die Blässe meiner Haut.

Ich folge diesem Vogel für eine Weile.
Das Federkleid, so schön in der Sonne.
Schimmernde Strahlen spiegeln sich in meinen Augen.
Und mein Blick wandelt sich von dunkel zu hell.

Aber während es die Flügel in der Umlaufbahn schlägt
und bald nicht mehr in meinen Augen ist
kollidieren die Strahlen des Lichts.
Grausam brennen diese Strahlen in mein Fleisch.

Diese Dinge, die dir Hoffnung und Leben geben,
all die Dinge, die dich am Atmen halten,
sind diejenigen, die dich ersticken und quälen.
Und du weißt nie,
ob du eine Blume oder eine Waffe hältst.

DARK SIDE OF THE MOON

I am a soul that bleeds through this.
But in my case
I have no words
To describe this hole
That is rotting my in soul.

This hole can talk
Its cold tongue slurs
"it's your fault".
I created it.
I can't take it out.

This void is sucking out
the mind that creates.
the words don't flow,
the rhymes fade.

As I fade with them
and my soul erases
my eyes turn grey
and my happiness dies.

Each time it's getting worse.
I question myself.
I'm selfish.
See, I only write about myself.

I should worry about you.
My family suffers from it.
That selfish bastard
who carries my name.

I can't take this burden of being me.
That's why I am someone else,
I'm not you.
And you will never be me.

DUNKLE SEITE DES MONDES

Ich bin eine Seele, die dadurch blutet.
Aber in meinem Fall
habe ich keine Worte
um dieses Loch zu beschreiben
welches mir die Seele verdirbt.

Dieses Loch kann sprechen.
Seine kalte Zunge lallt:
"Es ist deine Schuld".
Ich habe es erschaffen.
Ich kann es nicht entfernen.

Diese Leere saugt heraus
den Geist, der schafft.
Die Worte fließen nicht.
Die Reime verblassen.

So wie ich mit ihnen verblasse
und meine Seele sich auslöscht
werden meine Augen grau
und meine Freude stirbt.

Jedes Mal wird es schlimmer.
Ich zweifle an mir selbst.
Ich bin egoistisch.
Schau, ich schreibe nur über mich selbst.

Ich sollte mich um dich sorgen.
Meine Familie leidet darunter.
Dieser egoistische Bastard
der meinen Namen trägt.

Ich kann diese Last, ich zu sein, nicht tragen.
Deshalb bin ich jemand anderes,
Ich bin nicht du.
Und du wirst nie ich sein.

And as I transition, I cause more pain.
Because I don't even know who
or where I am anymore.
So as my moon sets, no one stays.

No one knows
how
and why
I am still alive.

Multiple bullets rest in my heart.
It's ripping me apart.
And my brain is smothered.
My pain is growing.

Each day it eats me up a little more.
And everyone around me too.
Because me, selfish as can be
grabs them by the foot.

And pulls them down the drain,
so I don't die in vain.

Und beim Übertritt verursache ich nur mehr Schmerz.
Denn ich weiß nicht einmal, wer
oder wo ich noch bin.
Wenn mein Mond untergeht, bleibt niemand bei mir.

Niemand weiß.
wie
und warum
Ich noch am Leben bin.

Mehrere Kugeln ruhen in meinem Herzen.
Es zerreißt mich.
Mein Gehirn erstickt.
Mein Schmerz wächst.

Jeden Tag frisst er mich ein bisschen mehr auf.
Und alle um mich herum auch.
Weil ich, so egoistisch, wie ich bin,
sie bei den Füßen packe.

Und ziehe sie ins Loch hinunter,
damit ich nicht umsonst gestorben bin.

TRIP

Pill, Blunt, feel alive.
Blood runs through my veins.
Come on, I need that knife.
More pills, no more pains.

I can't stand this man.
I hate you, embrace it.
My face is foreign.
I just need another fit.

Tick, tick, boom, head gone.
Oh, I still can breathe.
Wish I'd never been born.
Drugs, they are a thief.

Men ain't shit but I,
I am not like that.
A fact I can't deny:
my mind has gone mad.

Who the fuck am I?
And who are you, damn.
I hear myself cry.
And I die in vain.

TRIP

Pille, Gras, fühle mich lebendig.
Blut fließt durch meine Venen.
Komm schon, ich brauche die Klinge.
Mehr Pillen, keine Schmerzen mehr.

Ich kann diesen Mann nicht ausstehen.
Ich hasse dich, akzeptiere es.
Mein Gesicht ist so fremd.
Ich brauche nur einen neuen Versuch.

Tick, tick, bumm, Kopf weg.
Oh, ich kann noch atmen.
Ich wünschte, ich wäre nie geboren.
Drogen, sie sind ein Dieb.

Männer sind scheiße, aber ich,
ich bin nicht so.
Eine Tatsache, die ich nicht leugnen vermag:
Mein Verstand ist durchgedreht.

Wer, zum Teufel, bin ich?
Und wer bist du, verdammt?
Ich höre mich selbst weinen
und ich sterbe umsonst.

VIVID DREAM

Trapped in a sleepwalk
dashing through a void.
Endless.
My dreams unfold.

In a world of colour
the light bends and breaks.
Restless.
The beams flow.

My soul, it is floating
without wings attached.
Weightless.
On the dreamy river boating.

Those pictures, what do they mean?
A mirror of my past.
Careless.
I'm in a vivid dream.

KLARTRAUM

Im Schlafwandel gefangen,
durch die Leere rasend.
Endlos.
Meine Träume entfalten sich.

In einer Welt voller Farben
das Licht sich biegt und bricht.
Rastlos.
Fließen die Strahlen.

Meine Seele, sie schwebt.
Ohne Flügel, die mich tragen.
Schwerelos.
Auf dem verträumten Fluss.

Diese Bilder, was bedeuten sie?
Ein Spiegel meiner Vergangenheit.
Sorglos.
Ich segele durch einen Klartraum.

DIE WELLE

Die Welle kommt wieder,
sie reißt dich nieder.
Die Welle spült dich hinaus.

Die Welle kommt wieder,
sie singt schöne Lieder.
Sie hält dich in ihrem Bann.

Die Welle schwappt weg.
Was hat das für einen Zweck?
Du bist komplett nass.

Du liegst am Strand.
Starr wie eine Wand.
Du kannst nicht mehr.

Du tropfst von oben bis unten,
In dir drin brennen alle Lunten.
Du willst nicht mehr.

Du bist wieder trocken
Machst dich auf die Socken.
Doch gehst du nicht los.

Die Welle kommt wieder,
sie holt dich schon wieder.
Die Welle frisst dich auf.

THE WAVE

The wave is coming back,
it tears you down.
The wave washes you out.

The wave comes again,
she sings beautiful songs.
She keeps you under her spell.

The wave spills away.
What is the purpose of this?
You are completely wet.

You are lying on the beach.
Rigid like a wall.
You can't go on.

You are dripping from top to bottom,
Inside of you, all fuses are burning.
You can't stand it anymore.

You are dry again
Go, Get going.
But you do not go off.

The wave comes again,
she'll get you again.
Until she eats you up.

NOT ME

In my head rest two souls.
One dark and one light.
They fight.
They argue.
But which one is i? [3]
And which one is u? [4]

Like a wave it goes up and down.
A rock in the ocean.
It doesn't know where it is.
Is it sinking or rising above?
Is it lost or where it should be?

Someday I'll call home
what I live with today.
But now the darkness
makes the light fade away.
And in a shallow beam
I come back to live.
This is what I will strive
and die for.

This is my fight.
And I'm fighting my old nemesis
U.
But u are me.
i am u.
We both make
what others see
as a great salvation.

---

[3] Kendrick Lamar: „i" aus dem Album *To Pimp A Butterfly*, Los Angeles, 2015
[4] Kendrick Lamar: „u" aus dem Album *To Pimp A Butterfly*, Los Angeles, 2015

NICHT ICH

In meinem Kopf ruhen zwei Seelen.
Eine dunkle und eine helle.
Sie kämpfen.
Sie streiten.
Aber welche bin ich?
Und welche bist du?

Wie eine Welle geht es auf und ab.
Ein Stein im Ozean.
Er weiß nicht, wo er ist.
Sinkt er oder steigt er empor?
Ist er verloren oder dort, wo er sein sollte?

Eines Tages werde ich Zuhause nennen,
womit ich heute lebe.
Aber jetzt ist es die Dunkelheit,
die das Licht verblassen lässt.
Und in einem flachen Strahl
komme ich zurück, um zu leben.
Das ist es, wonach ich streben
und wofür ich sterben werde.

Dies ist mein Krieg.
Und ich kämpfe gegen meinen alten Erzfeind.
Du.
Aber du bist ich.
Ich bin du.
Wir beide machten aus
was andere
als ihre große Rettung sahen.

In the dephts of my souls
I see, they're not two
but one.
And they make me to i.
And u to me.

U can't beat me.
If I learn to let you be.

Be worried.
Be sad.
Be paranoid.
But u can be.
So i can be.

In den Tiefen meiner Seelen
verstehe ich, es sind nicht zwei
sondern eine.
Und sie machen mich zu ich.
Und dich zu mir.

Du kannst mich nicht besiegen.
Wenn ich lerne, dich sein zu lassen.

Sei besorgt.
Sei traurig.
Sei paranoid.
Aber du kannst es sein.
Somit kann ich sein.

WHO PRAYING FOR ME [5]

When I let you feel my pain
there's nothing you can gain.
And I feel so heartless, cold.
My mind, up and down strolled.

As I feel this burden rise
shallow face as a disguise.
My shoulders carry the weight
of my friends sadness shade.

My intention to help them
has my faith downfallen.
So daily myself I ask:
Is this my life's task?

Am I the preacher for you?
Is this really all I can do?
Are my words just to heal?
Am I not for you to feel?

I feel worn out by the wave.
My mind and body like a slave.
I feel like a chip on my shoulder. [6]
And my feeling is getting colder.

I feel like the whole world wants me to pray for them.
But who the fuck praying for me?
Who praying for me? [7]

---

[5] Kendrick Lamar: „FEEL." Aus dem Album *DAMN.*, Los Angeles
2017
[6] Siehe 5
[7] Siehe 5

WER BETET FÜR MICH

Wenn ich dich meinen Schmerz spüren lass
gibt es nichts, was du davon hast.
Und ich fühle mich so herzlos, kalt.
Mein Geist wandert auf und ab.

Während ich fühle, wie diese Bürde wuchs,
trug ich fahles Gesicht als Maske.
Meine Schultern halten die Last
meiner Freunde Trauer Schatten.

Meine Absicht, ihnen zu helfen
hat mein Vertrauen gebrochen.
Also frage ich mich täglich selbst:
Ist das meine Lebensaufgabe?

Bin ich der Prediger für dich?
Ist das denn alles, was ich kann?
Sind meine Worte nur dazu da, um zu heilen?
Spürst du meine Seele nicht mehr?

Ich fühle mich von der Welle zermürbt.
Mein Geist und mein Körper wie ein Knecht.
Ich fühle mich wie ein Klotz am Bein.
Und meine Seele wird immer kälter.

Ich habe das Gefühl, die ganze Welt will, dass ich für sie
bete
aber wer zum Teufel schert sich um mich?

Wer betet für mich?

LIFELINE

Trapped inside a foreign home.
Stares make their way towards the sun.

Glares turn into motions.
Fill a void of uncertainty.
Unwanted in this world,
but still here.

Tears fill the bathroom ocean.
Steps on a stair with no ending.
Hustling down the empty room
to the light.

The warmth heals my skin like lotion.
I'm so glad that you are here.
Please don't lose me yet again
to the night.

Free inside a lonely world.
My rays illuminate the ways upon.

Fear is a deadly potion.
But we couldn't thrive without it.
Cleanse your soul and let you feel
alive.

Ego destroys the moment.
Your gold won't shine on my wrist.
Stars that want to shine the brightest
collide.

Words on the sheets are lonely.
They do not speak without a head.
Preach your god and let the bomb
ignite.

LEBENSADER

Gefangen in einem fremden Haus,
wo Blicke sich ihren Weg zur Sonne bahnen.

Blitze werden zu Bewegungen.
Füllen eine Leere der Ungewissheit.
Ungewollt in dieser Welt,
aber doch noch hier.

Tränen füllen den Badezimmer-Ozean.
Schritte auf einer Treppe ohne Ende.
Husche den leeren Raum hinunter
zum Licht.

Die Wärme heilt meine Haut wie Lotion.
Ich bin so froh, dass du hier bist.
Bitte verliere mich nicht noch einmal
an die Nacht.

Frei in einer einsamen Welt.
Meine Strahlen erhellen die kommenden Wege.

Furcht ist ein tödlicher Fluchtrank.
Aber ohne sie können wir nicht gedeihen.
Reinige deine Seele und fühle dich
frei.

Das Ego zerstört den Augenblick.
Dein Gold glänzt nicht an meiner Hand.
Sterne, die am hellsten strahlen wollen
kollidieren.

Die Worte auf den Seiten sind einsam.
Ohne einen Kopf sprechen sie nicht.
Preise deinen Gott und lass die Bombe
entfachen.

Born on a dying planet.
My damn thoughts cannot save us all.

When the darkness comes
and the door shuts down
I'll be right here
and sing your song.

Geboren auf einem sterbenden Planeten.
Meine verdammten Gedanken können uns nicht alle retten.

Wenn die Dunkelheit kommt
und die Tür sich schließt,
werde ich hier sein
und dein Lied singen.

A POEM ON PAIN

We are born through pain
and we will all die in vain.
But in the end, what really matters
is something, that never shatters.

We go through it all, never stopping.
Bridges burn, tears flow, train hopping.
And we seek what is this life for.
Is it money or the person I adore?

After every split I feel so hurt.
Was it really this fight worth?
But those memories, almost faded
are the ones who made me make it.

And when I got sick and death saw me.
I was knocked and down on my knee.
But never a second I thought to quit.
The candles on my grave aren't lit.

And on days I want to end it all.
It feels like nothing could end my fall.
But then I remind myself to this:
all my pains will turn to bliss.

Because when you fight through this mess
and all the trouble, struggle and stress.
They made you to what you are today
and that is what made me stay.

EIN GEDICHT DER SCHMERZEN

Wir werden durch Schmerz geboren
und wir werden alle umsonst sterben.
Aber was am Ende wirklich zählt
ist etwas, das niemals zerbricht.

Wir gehen durch all das hindurch und hören nie auf.
Brücken brennen, Tränen fließen, auf Züge springen.
Und wir suchen, wofür dieses Leben da ist.
Ist es Geld oder die Person, die ich liebe?

Nach jeder Trennung fühle ich mich so verletzt.
War es diesen Kampf wirklich wert?
Aber diese Erinnerungen, fast verblasst
sind jene, die mich dazu gebracht haben, es zu schaffen.

Und als ich krank wurde und der Tod mich sah.
Wurde ich niedergeschlagen und fiel auf meine Knie.
Aber keine Sekunde dachte ich daran, aufzuhören.
Die Kerzen auf meinem Grab sind nicht angezündet.

Und an Tagen, an denen ich alles beenden will.
Es fühlt sich an, als könne nichts meinen Sturz beenden.
Aber dann erinnere ich mich an dies:
all meine Schmerzen werden sich in Glück verwandeln.

Denn wenn man sich durch dieses Chaos kämpft
und all der Ärger, die Mühe und der Stress.
Sie haben Sie zu dem gemacht, was Sie heute sind.
und das ist es, was mich zum Bleiben bringt.

HINTERTHAL

Dort, wo die Berge sich trafen,
um die Täler zu beschützen.
Dort wo das Wasser zu Boden
und die Freude gen Himmel geht.

An diesem Ort will ich bleiben.
Denn die hohen Mauern,
kreiert nach der Gezeiten Wille
schützen, was zu Schützen gilt.

Ihre dunklen Schatten bieten Kühle
vor der Hitze des Lebens.
Ihre Hänge nehmen mich auf
als ginge ich als ihrer voran.

So fühle ich mich heimisch,
an einem Ort, weder geboren, noch gelebt.
Eins wusste ich, ich komme wieder
und setze mich hier nieder.

Dieses Land gab mir, was ich braucht.
Zeigte mir, was ich sah.
Nahm mir, was ich trug.
Und schenkte mir ihr das Leben zurück.

HINTERTHAL

Where the mountains meet
to protect the valleys.
Where the water goes to the ground
and joy goes towards heaven.

I want to stay at this place.
Because the high walls
created, by the tidal will,
protect what is valid to protect.

Their dark shadows offer cooling
from the heat of life.
Her slopes take me in
as if I were going ahead as hers.

That way I feel at home,
a place, neither born nor lived.
One thing I knew, I would come back
and settle down right here.

This land gave me what I needed.
Showed me what I saw.
Took what I bore.
And gave me back my life.

SEGO'S REISE

VOYAGE OF SEGO

VOYAGER

Voyager, follow me.
You have already seen
the sun and the moon.
You have read
tales of love.
And you have felt
doubt and sorrow.

Voyager, look ahead.
A storm shall come
and wash away
the dust from your eyes.
Thunder and lighting
may enlighten you
or frighten you.

Voyager, it's your turn.
Follow God,
or follow yourself.
Follow these words
or follow blindness.
Ache for the dust
or drown in your lust.

Voyager, read my lines.
Sego speaking:
Walked where I've walked.
Drink the deadly poison.
Let the thoughts roam free.
So it won't be your destiny.

REISENDER

Du hast bereits gesehen
die Sonne und den Mond.
Du hast gelesen
Geschichten von der Liebe.
Und du hast gefühlt.
Zweifel und Kummer.

Reisender, schauen Sie nach vorne.
Ein Sturm wird kommen,
wird wegspülen,
den Staub aus deinen Augen.
Donner und Blitze
könnten dich aufklären
oder dich ängstigen.

Reisender, du bist dran.
Folge deinem Gott,
oder folge dir selbst.
Folge diesen Worten,
oder folge deiner Blindheit.
Sehne dich nach dem Staub,
ertrinke in deiner Gier.

Reisender, lies meine Zeilen.
Sego hier:
Gehe, wohin ich gelaufen bin.
Trinke das tödliche Gift.
Lass die Gedanken frei schweifen.
So lass es nicht dein Schicksal sein.

PREACHER

You will eat the fruit of your labor;
blessings and prosperity will be yours. [8]
You shall always love thy neighbor;
walk the earth and do your chores.

But I'm scared.
Frightened of being afraid.
Frightened of being too late.

Frightened by the wave of the sea
out there to come and swallow me.
Frightened by the thunder and storm
sent above me the day I was born.

Frightened of the fire purgatory awaits.
Frightened by the heaven's darkest shades.
Frightened by hell,
frightened of how I get there.
Frightened by the thought
of eventually losing her.
Frightened by the light
frightened by the dark
Frightened of being too frightened.
Oh, please rest my heart.

I'm afraid there's no prayers left to say.
Preacher, will you let me free today?

[8] Psalm 128:2-3, Holy Bible, New International Version®, NIV®
Copyright © 1973, 1978, 1984, 2011 by Biblica Inc.®

PREDIGER

Du wirst dich nähren deiner Hände Arbeit;
wohl dir, du hast es gut. [9]
Du sollst deinen Nächsten immer lieben;
sollst die Welt bewandern und deine Pflichten tun.

Aber ich habe Angst.
Ich habe Angst davor, mich zu fürchten.
Angst davor, zu spät zu sein.

Angst vor der Welle des Meeres,
welche schwappt um mich zu verschlingen.
Angst vor dem Donner und dem Sturm,
die seit meiner Geburt über mich toben.

Angst vor den Flammen, die im Fegefeuer warten.
Angst vor den dunkelsten Schatten des Himmels.
Angst vor der Hölle,
Angst davor, wie ich dorthin gelange.
Angst vor dem Gedanken
sie schließlich zu verpassen.
Angst vor dem Licht
Angst vor der Nacht.
Angst davor, zu viel Angst zu haben.
Oh, bitte lass mein Herz ruhen.

Ich fürchte, es helfen keine Gebete mehr.
Prediger, werden Sie mich heute befreien?

---

[9] Psalm 128:2-3, Die Bibel nach Martin Luthers Übersetzung, revidiert 2017, © 2016 Deutsche Bibelgesellschaft, Stuttgart.

Preacher, take the chains off me.
I'm not afraid.
I shall enjoy the fruits of my labor
if I get freed today. [10]

Preacher, show me the way.
I'm not afraid.
I shall enjoy the fruits of my labor
if I get freed today. [11]

But the Preacher said:
He isn't preaching no more.
Said, love thy neighbor
and do your chores.

I won't eat the fruit of my labor.
Blessings and prosperity are far away.
I'm captive to a god damned liar.
And I won't be freed today.

[10] Kendrick Lamar: „untitled 03" aus dem Album *untitled unmastered*, Los Angeles, 2016
[11] Siehe 10

Prediger, nehmen Sie mir die Ketten ab.
Ich fürchte mich nicht.
Ich werde die Früchte meiner Arbeit genießen
wenn ich heute befreit werde.

Prediger, zeigen Sie mir den Weg.
Ich fürchte mich nicht.
Ich werde die Früchte meiner Arbeit genießen
wenn ich heute befreit werde.

Aber der Prediger sagte:
Er predigt nicht mehr.
Er sagte: "Liebe deinen Nächsten.
und erfülle deine Pflicht."

Ich werde nicht nähren meiner Hände Arbeit;
weh mir, ich habe es schlecht.
Ich bin gefangen in einen gottverdammten Lügner.
Und ich werde heute nicht befreit werden.

DAS DIVINE MEER

Der Himmel fiel in Tränen auf mich.
Oh welch wunderbarer Frieden!
Doch ich fühle, welch Schmerzensstich!
In meiner selbst, ganz verschwiegen.

So rudere ich auf dem Meer der Tränen.
Der Himmel so blau, ich verstand.
Was ich dacht, wonach ich sehne,
war in der See, nicht auf dem Land.

So blickte ich in des Teufels Auge
als Sturm droht' mein zu holen.
Doch fand ich mich auf Gottes Staube.
Noch ein Leben ward mir befohlen.

So wanke ich, auf dem divinen Meer-
Und doch erhört mich kein Gott.
Denn was ich sah, auf dem Herzen schwer,
erntete mir des Volkes Spott.

Meine Augen sie haben es gesehen.
Mein Zeuge, mein einziger Freund.
Nur ich werde es je verstehen
welch Gründe mich vom Meer scheut.

DIVINE OCEAN

The sky fell on me in tears.
Oh, what a wonderful peace!
But I feel a twinge of pain!
In myself, in secrecy.

So, I row on the sea of tears.
The sky was so blue, I understood.
What I thought, what I yearned for,
was in the sea, not on land.

So, I looked into the devil's eye
as a storm threatens to take over thee.
But I found myself on the dust of God.
Another life was ordered upon me.

So, I stagger on the divine sea
and yet no God answers me.
For what I saw was heavy on my heart,
earned me mockery from the people.

My eyes they have seen it.
My witness, my only friend.
Only I shall ever understand
why I am shy of the sea.

PEACEAUS

I wrote this poem while 30.000 feet in the air.
The holy one above is so near.
Peaceful, we glide over a crumbling world.

Peaceful up here, where she resides.
Is she scared of her own creation?
Is this world out of her imagination?

Peaceful, we glide down to the land,
where pain and war is a demand.
A suffocation of the people.

She will never come down, no more.
It isn't her chore.
Peaceful, she watches us burn.

Ourselves.

PEACEAUS

Ich schrieb dieses Gedicht, weit über dem Boden.
Die Allerheiligste oben ist so nah.
Friedlich gleiten wir über eine bröckelnde Welt.

Friedlich hier oben, wo sie residiert.
Hat sie Angst vor ihrer eigenen Schöpfung?
Ist diese Welt außerhalb ihrer Vorstellungskraft?

Friedlich gleiten wir hinunter auf das Land,
wo Schmerz und Krieg eine Notwendigkeit ist.
Ein reines Ersticken der Völker.

Sie wird nie wieder herunterkommen, nie mehr.
Es ist nicht ihre Pflicht.
Friedlich schaut sie zu, wie wir verbrennen.

Wir haben uns selbst angezündet.

LIBYEN

Einen Tropfen für jene,
die kämpfen.
Für jene,
die ihr Leben gaben.

Auf den Dünen und den Bergen.
In der Stadt und auf dem Land.
Wird der Tropfen den Sand färben
in seinem tiefroten Gewand.

Eine Träne für jene,
die leiden.
Für jene,
die sich nicht besitzen.

In den Zäunen der Nation,
einen Lauf an der Schläfe,
zieht eine stille Legion
in des Landes Tiefe.

Libyen, mit der weiten Freiheit.
Milliarden der Körner sind im Krieg.
Und heiß unter deinen Füßen,
ist die Niederlage der Sieg.

Wenn der Abzug nicht mehr glüht
und der Bann ist gehoben.
Das Reich am Meer blüht.
Der Tropfen schnell verflogen.

Doch nie wird man je vergessen
welche Steine schlugen
und den Sand erschufen
welcher vom Blut rot gefärbt.

LIBYA

A drop for those,
who fight.
For those,
who gave their lives.

On the dunes and the mountains,
in the city and on the countryside,
shall the drop wreathe the sand
in his deep red robe.

A tear for those,
who suffer.
For those,
who do not own themselves.

In the fences of a nation,
A gun to the temple,
moves a silent legion
to the depths of the country.

Libya, with your vast freedom.
Billions of grains are at war.
And hot under your feet,
is defeat a victory.

When the trigger no longer glows
and the spell is cast.
The kingdom by the sea blossoms.
The drop quickly evaporates.

But never will one ever forget
which stones hit
and created the sand
coloured red by the blood.

92

Restless, I've been working restless,
to free myself from these shackles
dangling on my hands, man.

To no avail I throw my empty shell
towards the inhumane superior men
hoping to get a dollar and a piece of land.
But these shackles keep me captive to a burning tent.

And with no hope, bad dope and a scope on my head
I scream towards the fields to slack me some bread.
May the world never forget all the tears I shed.
But even the sun dries up my last thought.

Fearless, I've been fighting fearless
for my brothers and sisters
whom I love so dearly.

They break our hands
and say that we broke 'em ourselves
so that we can't write
about what the darkness hides.

When you burn a fire over our inequities
shall the ashes nurture our new found peace.
Grow a tree upon us and count the leaves
for how many lives we gave to do our deed.

No brother ever died in vain.
No sister shall cry in pain.
We fight. For life. All night.

And with no hope, bad dope and a scope on my head
I scream towards the fields to slack me some bread.
May the world never forget all the tears I shed.
But even the sun dries up my last thought.

92

Unermüdlich, Ich habe unermüdlich gearbeitet,
um mich von diesen Fesseln zu befreien
die an meinen Händen baumeln.

Vergeblich werfe ich meine leere Hülle
Richtung der inhumanen Überlegenen
in der Hoffnung, Geld und etwas Land zu ergattern.
Doch Fesseln halten mich in diesem brennenden Zelt.

Ohne Hoffnung, schlechtes Gras und einen Lauf am Kopf.
Schreie ich zu den Felder, um etwas Brot zu bekommen.
Möge die Welt nie die Tränen vergessen, die ich vergoß.
Doch selbst die Sonne trocknet meine Hoffnung aus.

Furchtlos, Ich habe furchtlos gekämpft
für meine Brüder und Schwestern
die ich so sehr liebe.

Sie brechen unsere Hände
und sagen, wir haben sie selbst gebrochen
damit wir nicht schreiben können
darüber, was die Dunkelheit verbirgt.

Wenn ein Feuer über unsere Ungleichheiten brennt
soll die Asche unseren neu gefundenen Frieden nähren.
Lass einen Baum über uns wachsen und zähle die Blätter
für all die Leben, die wir für unsere Pflichten gaben.

Kein Bruder ist jemals vergeblich gestorben.
Keine Schwester soll vor Schmerzen weinen.
Wir kämpfen. Für das Leben. Die ganze Nacht.

Ohne Hoffnung, schlechtes Gras und einen Lauf am Kopf.
Schreie ich zu den Felder, um etwas Brot zu bekommen.
Möge die Welt nie die Tränen vergessen, die ich vergoß.
Doch selbst die Sonne trocknet meine Hoffnung aus.

IN UTERO

Fight for me.
Fight for my right.
Fight for my life.

Cry for me.
Cry when I'm killed.
Cry when I'm ill.

Shame on them.
Shame on my mother.
Shame just on her.

But why don't you see.
You don't care about me.
When my mother can't sleep.
Your words they cut deep.

You say it is the best.
Just put her health to rest.
Let me live on this earth.
But for what is this worth?

What will you do to prevent
poverty and crime? I demand
that you tell me how I
should live before I die.

Because your beliefs won't save
nor will they keep me breathing.
My mother, she is brave.
She never stopped believing.

IN UTERO

Kämpft für mich.
Kämpft für mein Recht.
Kämpft um mein Leben.

Weint um mich.
Weint, wenn ich getötet werde.
Weint, wenn ich krank bin.

Schande über sie.
Schande über meine Mutter.
Schande nur über sie.

Aber warum seht ihr nicht ein?
Ich bin euch doch egal.
Wenn meine Mutter kein Auge zutun kann.
Eure Worte haben sie tief verletzt.

Du sagst, es ist das Beste.
Lass ihre Gesundheit ruhen.
Lass mich auf dieser Erde leben.
Aber was ist das wert?

Was wollt Ihr tun, um
Armut und Gewalt zu bekämpfen? Ich fordere,
dass ihr mir sagt, wie ich
leben soll, bevor ich sterbe.

Weil eure Überzeugungen mich weder retten,
noch mich am Leben erhalten.
Meine Mutter, sie ist mutig.
Sie hat nie aufgehört zu glauben.

My dear mother, loving, she cries.

She must pay the ultimate price.
She lost me, but she is fine.
And I keep her in the heart of mine.

Because all you will do
is to care about me
when I'm in utero.

Meine liebe Mutter, liebevoll, sie weint.
Sie muss den höchsten Preis bezahlen.
Sie hat mich verloren, aber es geht ihr gut.
Und ich bewahre sie in meinem Herzen.

Denn alles, was du tun wirst,
ist, dich um mich zu bemühen,
wenn ich in Utero bin.

WHITE CENTERED

Throw the blanket over my face.
I need the comfort,
I need the warmth,
to not know the bitter cold
surrounding me.

Sing me lullabies until I sleep.
Tell me about heroes,
stories of blood and tears.
Tell me how they fought the evil.
Tell me how they made us free.

Give me the tools to my life.
My feet ache from waking up.
My eyes are tired watching the news.
Always the same stories.
It's sickening, sad, I'm truly sorry.

Protect me from the threat out there.
It's dark, I'm scared!
He might have a gun!
It is pointed at me!
Shoot him, immediately!

Feed me my daily meal.
My hunger is endless.
I want to taste the world.
Amazing, those spices.
Take a snap with my devices.

Bring me all I need to live.
I don't care how you get it to me.
I don't care on how many backs I tread,
or how much trouble I cause.
Wash it white for me, because I deserve it.

ICH, WEIß

Wirf die Decke über mein Gesicht.
Ich brauche den Schutz,
Ich brauche die Wärme,
die bittere Kälte nicht zu kennen,
welche mich umbgibt.

Sing mir Wiegenlieder, bis ich schlafe.
Erzähle mir von Helden,
Geschichten von Blut und Tränen.
Erzähle mir, wie sie das Böse bekämpften.
Erzähle mir, wie sie uns befreit haben.

Gib mir die Werkzeuge für mein Leben.
Meine Füße schmerzen vom Aufwachen.
Meine Augen sind müde von den Nachrichten.
Immer die gleichen Geschichten.
Unerträglich, traurig, es tut mir doch so leid.

Beschütze mich vor der Bedrohung.
Es ist dunkel, ich habe Angst!
Er könnte eine Waffe haben!
Sie ist auf mich gerichtet!
Erschieße ihn, jetzt sofort!

Gib mir meine tägliche Mahlzeit.
Mein Hunger ist endlos.
Ich will die Welt probieren.
Unglaublich, diese Gewürze.
Das muss ich festhalten.

Bringe mir alles, was ich zum Leben brauche.
Es ist mir egal, wie du es mir besorgst.
Es ist mir egal, auf wie viele Rücken ich trete,
oder wie viel Unheil ich bringe.
Wasche es weiß für mich, denn ich verdiene es.

POKER

Queen to the King, my luck ran out.
Scary Skyline of chips crashes down.
My pores reek from sweet poisons dust
when I lose.

My eyes can't focus, I swerve around.
Lights go out in this foreign town.
Blood and teeth run out of my mouth.
Where am I?

Hit a bed of cold stones and mud.
Between two worlds my soul got stuck.
Glaring upon myself is rough.
You fool.

Man in a white suit picks me up.
Shoots a syringe through my frozen heart.
The last time I felt an angels touch.
I'm fading.

Queen to the King, my luck ran out.
Scary skyline of my city breaks down.
My body a shell of who I once was.
Finally gone.

POKER

Königin zum König, mein Glück riss ab.
Unheimliche Skyline der Chips stürzt ein.
Meine Poren riechen nach süßem Giftstaub
wenn ich verliere.

Augen ohne Fokus, ich schwank umher.
In dieser fremden Stadt gehen die Lichter aus.
Blut und Zähne rinnen mir aus dem Maul.
Wo bin ich?

Fiel auf ein Bett aus kalten Steinen und Schlamm.
Zwischen zwei Welten ist meine Seele gefangen.
Mich so zu sehen ist sehr hart.
Du Narr.

Mann in einem weißen Anzug fängt mich auf.
Er schießt eine Spritze in mein vereistes Herz.
Ein letztes Mal spürte ich den Engelskuss.
Ich schwinde.

Königin zum König, mein Glück riss ab.
Die unheimliche Skyline der Stadt bricht zusammen.
Mein Körper eine Hülle, von was ich einst war.
Endlich vorbei.

A DAY'S WORK

Heavy Heart, heavy soul.
They keep secrets, you'll never know.
They thrive of creativity.
Worlds beautiful epitome.

Troubled minds, troubled souls.
They're ghosts in a crumbling world.
Holding together what they can't reach.
Never practicing what they preach.

Broken homes, broken kids.
Searching for a face that fits.
Writing down their demons' cries.
Swirving to their own demise.

Dying friends, dying foes.
Hands to the gun, that's the pose.
Blast away your goddamned head.
Paint the pavement in finest red.

Forgotten words, forgotten rhymes.
My shattered halo that never shines.
Fading into shades of grey.
Living for another day.

Silent tears, silent street.
Living, an unbearable feat.
Close my eyes, darkness screams.
Waking up, not what it seems.

TÄGLICH BROT

Schweres Herz, schwere Seele.
Sie haben Geheimnisse, die du nie erfahren wirst.
Sie gedeihen durch Kreativität.
Aller Welten, schöner Inbegriff.

Aufgewühlter Geist, aufgewühlte Seelen.
Sie sind Geister in einer zerfallenden Welt.
Sie halten fest, was sie nicht greifen können.
Sie tun nie das, was sie predigen.

Gebrochene Familien, gebrochene Kinder.
Auf der Suche nach einem Gesicht, das passt.
Sie schreiben ihre Dämonenschreie auf
und strömen ihrem Untergang entgegen.

Sterbende Freunde, sterbende Feinde.
Die Hände an die Waffe, das ist die Pose.
Blasen sich Ihren gottverdammten Kopf weg.
Streichen das Straßenpflaster in feinstem Rot.

Vergessene Worte, vergessene Reime.
Zerbrochener Heiligenschein, der nie leuchtet.
Verblasst in grauen Tönen.
Ich lebe für einen neuen Tag.

Stille Tränen, stille Straße.
Leben, eine unerträgliche Aufgabe.
Schließe meine Augen, Dunkelheit schreit.
Wache auf, nicht, was es scheint.

Breathe.

Don't you fade, it's not your fate!
Don't give up, it's never too late!
Breathe.
Build a home.
Calm your mind.
Remember these words.
Take the chain of your heart.
Breathe.
You're alive!

Atme.
Verblasse nicht, das ist nicht dein Schicksal!
Gib nicht auf, es ist nie zu spät!
Atme.
Baue ein Zuhause.
Beruhige deinen Geist.
Erinnere dich an diese Worte.
Nimm die Fessel von deinem Herzen.
Atme.
Du bist am Leben!